www.ingramcontent.com/pod-product-compliance
Lightning Source LLC
LaVergne TN
LVHW021240080526
838199LV00088B/5438
9789358721966

جمعہ: احکام آداب اور فضائل

(مضامین)

خالد ابو صالح

مراجعہ: محمد صالح المنجد

اردو ترجمہ: مبصر الرحمن قاسمی

© Taemeer Publications LLC

Jumma : Ahkaam Aadaab aur Fazail

by: Khalid Abu Saleh

Edition: June '2024

Publisher :

Taemeer Publications LLC (Michigan, USA / Hyderabad, India)

ISBN 978-93-5872-196-6

مصنف یاناشر کی پیشگی اجازت کے بغیر اس کتاب کا کوئی بھی حصہ کسی بھی شکل میں بشمول ویب سائٹ پر
اَپ لوڈنگ کے لیے استعمال نہ کیا جائے۔ نیز اس کتاب پر کسی بھی قسم کے تنازع کو نمٹانے کا اختیار
صرف حیدرآباد (تلنگانہ) کی عدلیہ کو ہو گا۔

© تعمیر پبلی کیشنز

کتاب	:	**جمعہ : احکام آداب اور فضائل**
مصنف	:	**خالد ابو صالح**
جمع و ترتیب / تدوین	:	اعجاز عبید
صنف	:	مذہب
ناشر	:	تعمیر پبلی کیشنز (حیدرآباد، انڈیا)
سالِ اشاعت	:	۲۰۲۴ء
صفحات	:	۲۴
سرورق ڈیزائن	:	تعمیر ویب ڈیزائن

فہرست

ابتدائیہ	6
عبادت کا دن	7
جمعہ کے دن کے فضائل	9
احکام و آداب	13
جمعہ اور ہماری غلطیاں	20

ابتدائیہ

بسم اللہ الرحمن الرحیم

الحمد للہ رب العالمین، والصلاۃ والسلام علی خطیب الأنبیاء والمرسلین أما بعد:

پیارے مسلم بھائی: اللہ تعالیٰ نے اس امت کو بے شمار امتیازات اور فضائلِ جلیلہ سے مخصوص کیا، جن میں سے ایک یوم جمعہ کا امت کے لیے خاص کرنا ہے، جب کہ اس دن سے اللہ تعالیٰ نے یہود و نصاریٰ کو محروم رکھا، حضرت ابو ہریرہؓ سے مروی ہے، فرماتے ہیں نبی کریم ﷺ نے ارشاد فرمایا: "اللہ تعالیٰ نے ہم سے پہلے والوں کو جمعہ کے دن سے محروم رکھا، یہود کے لیے ہفتہ کا دن اور نصاریٰ کے لیے اتوار کا دن تھا، پھر اللہ تعالیٰ نے ہمیں برپا کیا اور جمعہ کے دن کی ہمیں ہدایت فرمائی اور جمعہ ہفتہ اور اتوار بنائے، اسی طرح یہ اقوام روز قیامت تک ہمارے تابع رہے گی، دنیا والوں میں ہم آخری ہیں اور قیامت کے دن اولین میں ہوں گے، اور تمام مخلوقات سے قبل اولین کا فیصلہ کیا جائے گا" [رواہ مسلم]

عبادت کا دن

حافظ ابن کثیرؒ فرماتے ہیں: (جمعہ کو جمعہ اس لیے کہا گیا کیوں کہ یہ لفظ جَمَعَ سے مشتق ہے، اس دن مسلمان ہفتے میں ایک مرتبہ جمع ہوتے تھے۔

اللہ تعالیٰ نے اس دن اپنی بندگی کے لیے جمع ہونے کا حکم دیا: ارشاد باری تعالیٰ ہے:

یا اَیُّهَا الَّذِینَ آمَنُوا اِذَا نُودِی لِلصَّلَاۃِ مِنْ یَومِ الْجُمُعَۃِ فَاسْعَوْا اِلَی ذِکْرِ اللّٰہِ [الجمعۃ:۹]،

(مومنو! جب جمعے کے دن نماز کے لیے اذان دی جائے گی تو اللہ کے ذکر کی طرف لپکو) آیت میں سعی سے مراد تیزی سے چلنا نہیں ہے بلکہ جمعہ کے لیے جلد نکلنے کا اہتمام کرنا ہے، یاد رہے کہ نماز کے لیے بھاگتے ہوئے جانے سے روکا گیا۔

حسنؒ فرماتے ہیں: "اللہ کی قسم سعی سے مراد بھاگتے ہوئے جانا نہیں ہے، بلکہ نماز کے لیے وقار و سکینت ور دل کی نیت اور خشوع و خضوع کے ساتھ جانے کا حکم

دیا گیا"[تفسیر ابن کثیر ۴/ ۳۸۵/ ۳۸۶]

ابن قیمؒ فرماتے ہیں: (جمعہ کا دن عبادت کا دن ہے، اِس کا دنوں میں ایسا مقام ہے جیسا کہ مہینوں میں ماہِ رمضان کا، اور اس دن مقبولیت کی گھڑی کا وہی درجہ ہے جیسا کہ رمضان میں شبِ قدر کا)۔ [زاد المعاد ۱/ ۳۹۸]

جمعہ کے دن کے فضائل

۱- دنوں میں بہترین دن: حضرت ابوہریرہؓ سے مروی ہے کہ نبی کریم ﷺ نے فرمایا: "جس دن میں سورج طلوع ہوتا ہے اس میں سب سے بہترین جمعہ کا دن ہے، اسی دن میں حضرت آدم پیدا ہوئے، اسی دن جنت میں داخل کیئے گئے، اور اسی دن اس سے نکالے گئے اور قیامت قائم نہیں ہو گی مگر جمعہ کے دن" [مسلم]

۲- فضائلِ جمعہ میں نمازِ جمعہ کے بھی فضائل شامل ہیں، کیونکہ نماز اسلام کے فرائض اور مسلمانوں کے جمع ہونے کا سب سے بڑا ذریعہ ہے، جس نے نماز کی ادائیگی میں غفلت برتی اللہ تعالیٰ اس کے قلب پر مہر لگا دیتے ہیں جیسا کہ مسلم شریف کی روایت میں مذکور ہے۔

۳- جمعہ کے دن ایک گھڑی ہوتی ہے اس میں دعا قبول کی جاتی ہے، حضرت ابوہریرہؓ سے مروی ہے: نبی کریم ﷺ نے فرمایا: اس میں ایک گھڑی ایسی ہے، جس میں کوئی مسلمان نماز پڑھے، اور اللہ تعالیٰ سے کچھ مانگے تو اللہ تعالیٰ اس کو عنایت فرما دیتا ہے۔ [متفق علیہ]

ابن قیمؒ نے قبولیت دعا کی گھڑی کے تعین کے سلسلے میں اختلاف کو ذکر کرنے کے بعد حدیثِ رسول کی روشنی میں ذیل کے دو قول کو ترجیح دی ہیں۔

اول: وہ گھڑی خطبہ شروع ہونے سے لے کر نماز کے ختم ہونے تک کا درمیانی وقت ہے۔[مسلم]

دوم: جمعہ کے دن عصر کی نماز کے بعد غروب آفتاب تک، اور یہی قول راجح ہے۔[زاد المعاد ۱/ ۳۸۹،۳۹۰]

۴-جمعہ کے دن کا صدقہ دیگر ایام کے صدقوں سے بہتر ہے۔

ابن قیمؒ فرماتے ہیں:(ہفتے کے دیگر دنوں کے مقابلے جمعہ کے دن کے صدقہ کا ویسا ہی مقام ہے جیسا کہ سارے مہینوں میں رمضان کا مقام و مرتبہ ہے۔) حضرت کعب کی حدیث میں ہے: "جمعہ کے دن صدقہ دیگر ایام کے مقابلے (ثواب کے اعتبار سے) عظیم ہے۔[موقوف صحیح ولہ حکم الرفع]

۵- یہ وہ دن ہے جس دن اللہ تعالیٰ اپنے مومنین بندوں کے لیے جنت میں تجلی فرمائیں گے، انس بن مالکؓ اللہ تعالیٰ کے فرمان وَلَدَيۡنَا مَزِيدٌ[ق:۳۵] کے بارے میں فرماتے ہیں: اس سے مراد اللہ تعالیٰ کا ہر جمعہ تجلی فرمانا ہے۔

۶-جمعہ کا دن ہفتہ میں بار بار آنے والی عید ہے، حضرت عباسؓ سے مروی کہ نبی کریم ﷺ نے فرمایا: "یہ عید کا دن ہے، جسے اللہ تعالیٰ نے مسلمانوں کے لیے طے کیا ہے، لہٰذا جسے جمعہ ملے وہ اس دن غسل کرے" [ابن ماجہ وھو فی صحیح الترغیب ۱/۲۹۸]

۷-یہ وہ دن ہے جس میں گناہوں کی معافی ہوتی ہے: سلمان سے مروی ہے: نبی کریم ﷺ نے ارشاد فرمایا: جو شخص جمعہ کے دن غسل کرے اور خوب اچھی طرح سے پاکی حاصل کرے اور تیل استعمال کرے یا گھر میں جو خوشبو میسر ہو استعمال کرے پھر نماز جمعہ کے لیے نکلے اور مسجد میں پہنچ کر دو آدمیوں کے درمیان نہ گھسے، پھر جتنی ہو سکے نفل نماز پڑھے اور جب امام خطبہ شروع کرے تو خاموش سنتا رہے تو اس کے اس جمعہ سے لے کر دوسرے جمعہ تک سارے گناہ معاف کر دیئے جاتے ہیں۔ [البخاری]

۸-جمعہ کے لیے چل کر جانے والے کے ہر قدم پر ایک برس کے روزے رکھنے اور قیام کرنے کا ثواب ملتا ہے، حضرت اوس بن اوس سے مروی ہے کہ نبی کریم ﷺ نے ارشاد فرمایا: جس نے جمعہ کے دن اچھی طرح غسل کیا، اور مسجد اول وقت پہنچ کر خطبہ اولی میں شریک رہا، اور امام سے قریب بیٹھ کر خاموشی سے خطبہ سنا، اس کے لیے ہر قدم پر ایک سال کے روزوں اور قیام کا ثواب ہے، اور یہ

اللہ تعالیٰ کے لیے بہت آسان ہے۔[احمد واصحاب السنن وصیحہ ابن خزیمۃ]

اللہ اکبر!! جمعہ کے لیے جانے پر ہر قدم کے بدلے ایک سال کے روزے اور قیام کا ثواب ؟!

تو ان نعمتوں کو پانے والے کہاں ہے ؟! ان عظیم لمحات کو گنوانے والے کہاں ہے ؟!

ذَلِکَ فَضْلُ اللَّهِ يُؤْتِيهِ مَنْ يَشَاءُ وَاللَّهُ ذُو الْفَضْلِ الْعَظِيمِ [الحدید:۲۱]

(یہ اللہ کا فضل ہے جسے چاہے عطا فرمائے۔ اور اللہ بڑے فضل کا مالک ہے)

۹- ہفتے کے پورے دنوں میں جہنم کو تپایا جاتا ہے مگر جمعہ کے دن اس عظیم دن کے اکرام وشرف میں یہ عمل بند رہتا ہے[دیکھیے: زاد المعاد ۱/۳۸۷]

۱۰-جمعہ کے دن یارات میں فوت ہونا حُسن خاتمہ کی علامت ہے، کیونکہ جمعہ کے دن مرنے والا قبر کے عذاب اور فرشتوں کے سوالات سے محفوظ رہتا ہے، حضرت ابن عمروؓ سے مروی ہے نبی کریم ﷺ نے ارشاد فرمایا:"جو مسلمان جمعہ کے دن یارات میں فوت ہوتا ہے اللہ تعالیٰ اُسے قبر کی آزمائش سے بچادیتے ہیں"۔ [احمد والترمذی وصحہ الالبانی]

جمعہ : احکام اور آداب

پیارے مسلم بھائی:

ہر مسلمان پر واجب ہے کہ وہ جمعہ کے دن کی تعظیم کرے، اس دن کے فضائل کو غنیمت جانے اور اس دن ہر قسم کی عبادتوں کے ذریعے اللہ تعالیٰ کا قرب حاصل کرے، یومِ جمعہ کے کچھ آداب اور احکام ہیں: جن سے آراستہ ہونا ہر مسلمان کی ذمہ داری ہے۔

ابن قیمؒ فرماتے ہیں: (نبی کریم ﷺ کا طریقہ کار یہ تھا کہ آپ ﷺ دیگر ایام کے مقابلے مخصوص عبادتوں کے ذریعے جمعہ کے دن کی تعظیم و تکریم کرتے تھے، علماء کرام کے درمیان یہ اختلاف ہے کہ آیا جمعہ کا دن افضل ہے یا عرفہ کا دن۔ [زاد المعاد ۱/ ۳۷۵]

دیکھیے - پیارے بھائی - کتنے جمعہ مہمان کی طرح گذر گئے، اور آپ نے کوئی توجہ بھی نہیں دی، بلکہ بہت سے لوگوں کا تو یہ حال ہے کہ وہ جمعہ کے دن اس لیے انتظار کرتے ہیں تاکہ اس میں نافرمانیِ رب اور معاصی الٰہی کریں۔

احکام و آداب

۱- مستحب ہے کہ امام جمعہ کی فجر میں مکمل سورہ سجدہ اور سورہ دھر پڑھے، جیسا کہ آپ ﷺ کا طریقہ تھا، اور کسی ایک سورت پر اکتفاء نہ کرے، جیسا کہ بعض ائمہ کا معمول ہے۔

۲- جمعہ کے دن کثرت سے درود پڑھنا مستحب ہے۔ حضرت اوس بن اوس ؓ سے مروی ہے، نبی کریم ﷺ نے ارشاد فرمایا: "تمہارے دنوں میں افضل ترین دن جمعہ ہے، اسی روز آدم کی تخلیق ہوئی، اسی دن ان کی روح قبض کی گئی اور اسی دن صور پھونکا جائے گا، اور اسی میں بے ہوشی طاری ہو گی، لہذا مجھ پر اس دن کثرت سے درود پڑھو، کیونکہ تمہارا درود مجھ پر پیش کیا جاتا ہے" [احمد و اصحاب السنن وصحہ النووی وحسنہ المنذری]

۳- نمازِ جمعہ ہر آزاد مکلف مقیم مرد پر فرض ہے، لہٰذا کسی مسافر، کسی عورت یا غلام پر جمعہ واجب نہیں ہے، ہاں ان میں سے کوئی اگر جمعہ میں شریک ہو جائے تو ان کی نمازِ جمعہ درست ہے، بیماری یا خوف وغیرہ جیسے عذر کی وجہ سے نماز جمعہ ساقط

ہو جاتی ہے۔[الشرح الممتع ۵/ ۷-۲۴]

۴-جمعہ کے دن غسل کرنا نبی کریم ﷺ کی سنت ہے۔ آپ ﷺ کا فرمان ہے: "جب تم میں سے کوئی جمعہ کے لیے آئے تو چاہیے کہ غسل کرے" [متفق علیہ]

۵-خوشبو کا استعمال کرنا، مسواک کرنا اور اچھا لباس زیبِ تن کرنا، جمعہ کے آداب میں شامل ہے، حضرت ابو ایوبؓ فرماتے ہیں میں نے نبی کریم ﷺ کو فرماتے ہوئے سنا: "جس نے جمعہ کے دن غسل کیا، اگر خوشبو ہو تو استعمال کیا، بہترین کپڑے پہنے، پھر اطمینان کے ساتھ مسجد کی جانب نکلا، اگر موقع ملے تو دو رکعت پڑھی، کسی کو تکلیف نہیں دی، پھر امام کے خصبہ ختم کرنے تک خاموش رہا، (اس کا یہ عمل) دوسرے جمعہ تک گناہوں کا کفارہ ہے"۔[احمد و صحه ابن خزیمة]

ابو سعید خدریؓ سے مروی ہے، نبی کریم ﷺ نے ارشاد فرمایا: "جمعہ کے دن غسل کرنا ہر بالغ پر ضروری ہے، اسی طرح مسواک کرنا اور اگر قدرت ہو تو خوشبو کا استعمال کرنا" [مسلم]

٦- نمازِ جمعہ کے لیے جلدی جانا مستحب ہے، لیکن آج اس سنت کا جنازہ نکل رہا ہے، اللہ تعالیٰ اس سنت کو زندہ کرنے والوں کی زندگی میں برکت دے۔

اور آپ ﷺ کا ارشاد گرامی ہے: "جب جمعہ کا دن ہوتا ہے تو مسجد کے ہر دروازے پر فرشتے کھڑے ہو کر پہلے آنے والے کو پہلے لکھتے ہیں، سب سے پہلے آنے والا شخص اس کی طرح ہے جس نے اونٹ قربان کیا ہو، اوراس کے بعد اس کی طرح جس نے گائے قربان کی اور اس کے بعد جس نے مینڈھا قربان کیا ہے، پھر وہ جس نے مرغی قربان کی ہو پھر وہ جس نے انڈا قربان کیا ہو، اور جب امام نکلے اور منبر پر بیٹھ جائے تو وہ اپنے رجسٹر لپیٹ کر ذکر سننے آجاتے ہیں" [متفق علیہ]

بھائیو:

خیر کے کاموں میں سبقت کرنے والے کہاں ہیں ؟!

نمازوں کے لیے پہلے جانے والے کہاں ہیں ؟!

عزم وہمت اور پامردی والے لوگ کہاں چلے گئے ؟!

٧- جمعہ کے دن مستحب ہے کہ امام کے خطبے کے لیے آنے تک لوگ نفل نمازوں، ذکر اور تلاوت قرآن میں مصروف رہیں۔

۸- خطبہ کے دوران خاموش رہنا اور بغور خطبہ سننا واجب ہے، حضرت ابوہریرہؓ سے مروی ہے، نبی کریم ﷺ نے ارشاد فرمایا:"اگر تم نے جمعہ کے دن امام کے خطبہ کے دوران اپنے ساتھی سے کہا: خاموش رہو، تو تم نے غلطی کی"[متفق علیہ] اور احمد کی روایت میں اس طرح ہے: « "اور جس نے غلطی کی اس (جمعہ کے اجر و ثواب) میں اس کا کوئی حصہ نہیں ہے"۔

اور ابوداؤد کی روایت میں ہے: « اور جس نے غلطی یا خطا کی؛ تو وہ (جمعہ کے ثواب سے محروم ہو جاتا ہے) ظہر کا اجر پاتا ہے۔ [صححہ ابن خزیمۃ]

۹- جمعہ کے دن سورۂ کہف کی تلاوت مستحب ہے، حضرت ابوسعید خدری سے مروی ہے نبی کریم ﷺ نے ارشاد فرمایا:"جس نے جمعہ کے دن سورۂ کہف پڑھی تو اس جمعہ سے دوسرے جمعہ تک اس کے لیے نور کو روشن کر دیا جاتا ہے"۔ [الحاکم و البیہقی و صححہ الالبانی]

۱۰- جمعہ کے دن وقتِ جمعہ کے دخول کے بعد جس پر جمعہ واجب ہو جائے اس کے لیے جمعہ سے پہلے سفر کرنا جائز نہیں ہے۔ [زاد المعاد ۱/۳۸۲]

۱۱- بطور خاص جمعہ کے دن کو روزہ کے لیے خاص کرنا اور اس کی رات کو قیام کے لیے خاص کرنا مکروہ ہے، حضرت ابوہریرہؓ سے مروی ہے نبی کریم ﷺ نے ارشاد فرمایا: "جمعہ کی رات کو قیام کے لیے خاص نہ کرو، اور دنوں میں جمعہ کے دن کو روزے کے لیے خاص نہ کرو، مگر یہ کہ کوئی سلسلہ وار روزے رکھ رہا ہو"۔ [مسلم]

۱۲- جو شخص جمعہ کے دن روزہ رکھنے کا خواہاں ہو اسے چاہیے کہ وہ جمعہ سے پہلے والے دن (جمعرات) یا بعد والے دن (ہفتہ) کو رکھے؛ حضرت ابوہریرہؓ سے مروی ہے، نبی کریم ﷺ نے ارشاد فرمایا: "تم میں سے کوئی جمعہ کے دن ہر گز روزہ نہ رکھے، مگر یہ کہ اس سے پہلے والے ایک دن (بھی) رکھے یا بعد والے ایک دن"۔ [متفق علیہ واللفظ للبخاری]

۱۳- جمعہ کی سنتیں: حدیث میں آیا ہے کہ "نبی کریم ﷺ جمعہ کے بعد دو رکعت پڑھتے تھے" [متفق علیہ] اسی طرح یہ بھی وارد ہے کہ آپ ﷺ نے جمعہ کے بعد نماز پڑھنے والوں کو چار رکعت پڑھنے کا حکم دیا" [مسلم]

اسحاق کہتے ہیں: اگر جمعہ کی (سنتیں) مسجد میں پڑھے تو چار پڑھے، اور اگر گھر میں پڑھے تو دو رکعت پڑھے۔ ابو بکر الاثرم کہتے ہیں: یہ دونوں بھی جائز ہے۔

[الحدائق لابن الجوزی ۲/ ۱۸۳]

۱۴-اس شخص کے لیے مستحب ہے جو مسجد میں اُس وقت داخل ہو جب امام خطبہ دے رہا ہو کہ بیٹھنے سے پہلے دو مختصر رکعتیں پڑھ لے؛ حضرت جابر بن عبد اللہؓ سے مروی ہے: نبی کریم ﷺ خطبۂ جمعہ دے رہے تھے، سلیک الغطفانی آئے، اور بیٹھ گئے، تو آپ ﷺ نے ارشاد فرمایا: "جب تم میں سے کوئی جمعہ کے دن مسجد آئے اور امام خطبہ دے رہا ہو تو چاہیے کہ بیٹھنے سے پہلے دو رکعت پڑھ لے"۔ [مسلم]

۱۵-جمعہ کے دن مستحب ہے کہ امام نمازِ جمعہ میں سورۂ جمعہ اور سورۂ منافقون، یا سورۂ اعلی اور غاشیہ پڑھے، نبی کریم ﷺ یہ سورتیں پڑھا کرتے تھے"۔ [مسلم]

جمعہ اور ہماری غلطیاں

۱- نمازیوں کی غلطیاں

۱- بعض لوگ نمازِ جمعہ کاہلی اور سستی کی وجہ سے چھوڑ دیتے ہیں، حالانکہ نبی کریم ﷺ کا فرمان ہے: "خبردار! لوگ جمعہ چھوڑنے سے رُک جائیں یا پھر اللہ تعالیٰ اُن کے دلوں پر مہر لگا دے گا، پھر یہ لوگ غافلین میں سے ہو جائیں گے"۔ [مسلم]

۲- بعض لوگ نمازِ جمعہ کے لیے آتے وقت جمعہ کی نیت کے استحضار کا خیال نہیں رکھتے، اور عام معمول کے مطابق مسجد پہنچ جاتے ہیں، حالانکہ جمعہ اور دیگر عبادات کی درستگی کے لیے نیت کا ہونا شرط ہے۔ آپ ﷺ کا ارشاد گرامی ہے: "اعمال کا دارومدار نیتوں پر ہے"۔ [البخاری]

۳- جمعہ کی رات میں دیر تک شب بیداری کرنا، اور نمازِ فجر کے وقت سوتے رہنا، جس کی وجہ سے جمعہ کے دن کا آغاز ہی کبیرہ گناہ سے ہوتا ہے، حالانکہ فرمان نبوی ﷺ ہے: "اللہ تعالیٰ کے نزدیک نمازوں میں افضل ترین نماز جمعہ کے دن کی باجماعت فجر کی نماز ہے" [الصحیحۃ ۱۵۶۶]

۴-خطبہ جمعہ میں شریک ہونے میں غفلت اور سستی سے کام لینا، بعض لوگ خطبہ کے دوران مسجد پہنچتے ہیں اور بعض کا تو یہ حال ہوتا ہے اس وقت مسجد پہنچتے ہیں جب جمعہ کی نماز شروع ہو جاتی ہے۔

۵-جمعہ کا غسل چھوڑنا، خوشبو کا استعمال نہ کرنا، مسواک کا اہتمام نہ کرنا اسی طرح جمعہ کے دن اچھے کپڑے زیب تن نہ کرنا۔

٦-اذان جمعہ کے بعد خرید و فروخت کرنا؛ ارشاد باری تعالیٰ ہے:

يَا أَيُّهَا الَّذِينَ آمَنُوا إِذَا نُودِي لِلصَّلَاةِ مِن يَوْمِ الْجُمُعَةِ فَاسْعَوْا إِلَى ذِكْرِ اللَّهِ وَذَرُوا الْبَيْعَ ذَٰلِكُمْ خَيْرٌ لَّكُمْ إِن كُنتُمْ تَعْلَمُونَ [الجمعة:٩]

(مومنو! جب جمعے کے دن نماز کے لیے اذان دی جائے گی تو اللہ کے ذکر کی طرف لپکو اور خرید و فروخت ترک کر دو، اگر سمجھو تو یہ تمہارے حق میں بہتر ہے۔)

ابن عباسؓ فرماتے ہیں: "اذان جمعہ کے بعد خرید و فروخت حرام ہے"

۷-بعض افراد نافرمانی کے کاموں کو جمعہ کے دن عبادت سمجھ کر کرتے ہیں،

جیسے بعض لوگ کمالِ نظافت خیال کرتے ہوئے داڑھی کاٹتے ہیں۔

۸۔بعض لوگ اگلی صفوں کے پُر ہونے سے پہلے ہی مسجد کے آخری حصے میں بیٹھ جاتے ہیں، بلکہ بعض لوگ تو مسجد کے اندرونی حصے میں جگہ ہونے کے باوجود بیرونی حصے میں ہی بیٹھتے ہیں۔

۹۔کسی شخص کو اس کی جگہ سے ہٹا کر اس جگہ پر خود بیٹھنا: حضرت جابرؓ سے مروی ہے نبی کریم ﷺ نے ارشاد فرمایا: "جمعہ کے دن کوئی شخص اپنے بھائی کو اس کی جگہ سے ہرگز نہ اٹھائے، کہ اس جگہ پر خود بیٹھے، بلکہ کہے: جگہ کشادہ کرو"
[مسلم]

۱۰۔گردنوں کو پھلانگنا اور دو کے درمیان تفریق کرنا اور بیٹھے ہوئے لوگوں پر تنگی کرنا۔" نبی کریم صلی اللہ علیہ وسلم جمعہ کا خطبہ ارشاد فرمارہے تھے کہ ایک شخص لوگوں کی گردنیں پھلانگتا ہوا آیا، تو نبی کریم صلی اللہ علیہ وسلم نے اسے فرمایا: "بیٹھ جا تو نے تکلیف دی اور تاخیر کی" [صحیح الترغیب والترہیب و صحیح ابن ماجۃ]

۱۱۔باتوں یا تلاوت کے ذریعے آواز بلند نہ کرے، کہ نمازیوں اور دیگر تلاوت کرنے والوں کو دشواری کا سامنا نہ ہو۔

۱۲- بغیر عذر کے اذان کے بعد مسجد سے نکلنا۔

۱۳- خطبہ کے دوران خطیب کی جانب توجہ نہ دینا۔

۱۴- دونوں خطبوں کے درمیان دو رکعت کا پڑھنا، ہاں دونوں خطبوں کے دوران کے وقفے میں دعا اور استغفار پڑھنا مشروع ہے۔ لیکن نماز پڑھنا درست نہیں ہے۔

۱۵- نماز کے دوران کثرت سے حرکت کرنا، اور امام کا سلام پھیرتے ہی مسجد سے نکلنا، اور نماز کے بعد کے اذکار چھوڑ کر مسجد کے دروازوں پر بھیڑ کرنا۔

ب- خطباء اور واعظین کی غلطیاں

۱- خطبہ کا طویل کرنا اور نماز کا مختصر کرنا، حضرت عمارہ سے مروی ہے، وہ فرماتے ہیں نبی کریم ﷺ نے ارشاد فرمایا: "آدمی کا نماز کو طویل کرنا اور خطبہ کو مختصر کرنا اس کے فقیہ ہونے کی علامت ہے، تو نماز کو طویل کرو اور خطبہ کو مختصر، اور بیشک تقریر جادو کا اثر رکھتی ہے" [مسلم]

۲- خطبہ کے لیے مناسب موضوع کا انتخاب نہ کرنا اور اسی طرح مناسب تیاری نہ کرنا، اور ایسے موضوعات پر تقریر کرنا جس کی لوگوں کو کوئی خاص ضرورت نہ ہو۔

۳- بہت سے واعظین اور خطباء لغوی غلطیوں کی جانب توجہ نہیں دیتے۔

۴- بعض خطباء موضوع اور ضعیف احادیث اور بغیر سوچے سمجھے غلط اقوال نقل کرتے ہیں۔

۵- بعض خطباء دوسرے خطبہ میں صرف دعا پر اکتفاء کرتے ہیں اور اسی کے عادی ہیں۔

۶- خطبہ کے دوران قرآن کی کسی بھی آیت کا پیش نہ کرنا، یہ انداز نبی کریم ﷺ کے طریقے کے خلاف ہے، حضرت حارثہ بنت نعمان فرماتی ہیں: میں نے سورۂ ق وَالْقُرْآنِ الْمَجِيدِ زبانی یاد نہیں کیا مگر ہر جمعہ آپ ﷺ سے خطبوں میں سن سن کر۔[مسلم]

۷- بعض خطباء کا خطبہ کے دوران جوش وولولہ کا اظہار نہ کرنا، حضرت جابر بن عبداللہ ؓ سے مروی ہے، وہ فرماتے ہیں: نبی کریم ﷺ جب خطبہ ارشاد فرماتے تھے، تو آپ کی آنکھیں سرخ ہو جاتی تھیں، آواز بلند ہو جاتا تھا، اور آپ کا غصہ شدید ہو جاتا تھا ایسا لگتا تھا کہ آپ کسی لشکر کو آگاہ فرما رہے ہیں" [مسلم]

وصلی اللہ وسلم وبارک علی نبینا محمد وعلی آلہ وصحبہ وسلم

***